Seelengeflüster

Mona Reich

Seelengeflüster

Gefühlte Worte

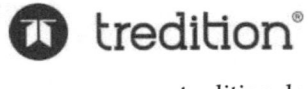

www.tredition.de

© 2011 Mona Reich
Titelbild: Mona Reich
Ornamente: © Keo - Fotolia.com
Lektorat: Tamara Pirschalawa
Umschlaggestaltung, Satz: Tamara Pirschalawa
Verlag: tredition GmbH
ISBN: 978-3-8424-0127-3

Printed in Germany

Inhaltsverzeichnis

Vorwort

Liebe Leser,

unsere Seele mutet an wie das sanfte Spiel einer Harfe.
Jede Regung, jedes Gefühl erstrahlt in immer neuen und einzigartigen Tönen.
Ihre schönsten Klänge sind natürlich die der Liebe, der Freude, des Friedens und der Sehnsucht.
Aber auch Schmerz, Trauer und Enttäuschung tragen ihre ganz eigenen Töne.

Die zarteste Seelen-Melodie ist aber die der Hoffnung, dass ihre Sehnsüchte, Träume und Wünsche in Erfüllung gehen.

Alle Nuancen unserer „Seelen-Kompositionen" hat die Autorin Mona Reich in ihrem Werk „Seelengeflüster – Gefühlte Worte" eingefangen, und wie könnte sie unser geheimes Seelengeflüster besser ausdrücken als in der Sprache der Poesie?

Brigitte Sahr
(Autorin)

Ich will ...

lieben
lachen
weinen
entdecken
staunen
träumen
erfahren
erleben
fühlen
vertrauen
spüren
– und –
erinnern

... mit dir!

Im Licht

Zarte Falter im goldenen Licht
erstrahlen in bunten Farben.
Ein Lächeln des Glücks in meinem Angesicht,
will mich ewiglich an dieser Freude laben.
Komm nur mit und lass dich tragen
auf den Schwingen der Zuversicht.
Hab Vertrauen, stell keine Fragen,
hell leuchtet auch dein Seelenlicht.

Du schenkst mir Flügel

Du schenkst mir Flügel,
um gemeinsam mit dir
zu den Sternen zu fliegen.
Du fängst mich auf,
wenn ein Sturm mich herunterreißt,
meine Flügel stutzt!
Du heilst meinen Schmerz
und
– irgendwann –
werden mir durch deine Liebe
wieder neue Flügel wachsen.

Du schenkst mir das Buch deines Lebens,
damit ich auf jeder Seite
etwas mehr von dir ergründen kann.
Und doch habe ich Angst weiterzublättern,
weil ich fürchte,
die Magie zwischen uns zu zerstören.

Du legst dein Herz in meine Hände
und ich fühle das Pochen, spüre, wer DU bist!
Ich blättere weiter und weiß,
dass Gott mir einen Engel gesandt hat.

Freiheit

Sonnenstrahl auf blasser Haut
will jede Zelle erwärmen.
Unruhig das Leben, haltlos und laut,
folge den Vogelschwärmen.
Lass mich hinab auf deinem Gefieder,
einfach der Endlosigkeit entgegenseh'n.
Singe von der Freiheit, meine Lieder,
um auf dem Podest des Lebens zu steh'n.

Heimat

Grüne Wiesen
versprühen einen Duft von Heimat.
Ich fühle, wie sich mein Atem erhebt.
Erinnerung an Kindheitstage,
lange nicht erlebt!

Sanft beschwingt
wollen sich meine Füße erden,
taumel durch den lauen Sommerwind.
Was ich fühle und was ich bin,
das ist ein SEIN und WERDEN.

Hier, wo ich zu Hause bin,
da will mein Herz sich regen.
Dort, ja dort, wo Frieden ist,
will meine Seele leben!

Erleuchtung

Erleuchtung
bedeutet, nicht alles zu wissen,
es bezeichnet lediglich die Fähigkeit,
aus seinen Fehlern zu lernen.

Die Suche nach dem Glück

Wer das Glück sucht, wird es nicht finden.
Was ihm oftmals begegnet, ist die Illusion.
Sie ist nur einen Hauch
vom wahren Glück entfernt.
Die Illusion hingegen kennt den Schmerz,
er verhindert, dass man sich
dem Glück hingibt.
Wer alle Steine vor seiner Herzenstür
hinwegräumt,
ist nur noch einen Lichtstrahl
vom Glück entfernt.

Angst

Ich fühle, wie sie kommt,
sie nimmt mir die Luft zum Atmen.
Meine Beine, schwer wie Blei,
so schwanke ich vor mich hin.
Sie erdrückt mich, schwächt mich,
fordert mich.
Ich bäume mich auf,
kämpfe gegen sie an,
und doch
ist sie an manchen Tagen stärker als ich.
Angst!
Immer wieder Angst!
Ich fühle, spüre, verweigere, hasse,
leide und verzweifle an ihr.
Und doch
wird sie mich niemals ganz zerbrechen!

Traum und Realität

Kein Traum ist so weit
von der Realität entfernt,
dass du ihm nicht jeden Tag
ein Stück näherrücken kannst.

Liebe

Jeder Tag ist ein neuer Tag.
Die Liebe sucht nicht.
Sie ist da, wenn die Zeit reif ist.
Sie fordert nichts, außer, dass sie gelebt wird!

Es ist etwas

Es ist etwas,

das mich wortlos fesselt,
hinabführt in deine Tiefen,
mich ankommen lässt in deinem Sein.

Es ist etwas,

das mich trunken vor Glück
erahnen lässt deine warmen Züge
und lebenshungrig
den Quell der Sehnsucht füllt.

Gegensätze

Ich und du
Leben und Tod
Sonne und Regen
Licht und Schatten
Schein und Sein
Glück und Leid
Glanz und Tristess
Berg und Tal
Ruhm und Absturz
Wärme und Kälte
Sommer und Winter
Feuer und Wasser
Schwarz und Weiß
Engel und Teufel
Liebe und Hass
Mut und Angst
Respekt und Verachtung
Ehrlichkeit und Lüge
Reden und Schweigen
Wohlwollen und Neid
Vertrauen und Misstrauen
Gewinn und Verlust
Hoffnung und Verzweiflung

Jedes hat seinen Platz in mir und dir
... dennoch
wird deine Welt nie ganz die meine sein.

Frag mich nicht

Frag mich nicht
nach meiner Vergangenheit,
wenn du nur für den Augenblick lebst.

Frag mich nicht,
was mich gerade bewegt,
wenn du es schon morgen vergessen hast.

Male mir die Welt niemals rosarot,
wenn du sie nur schwarz siehst,
es könnte sein, dass ich mich darin verliere.

Zeige mir nie den Punkt,
an dem ich dein wahres Ich fühlen kann,
wenn du nicht willst, dass ich dich festhalte.

Hole mir keine Sterne vom Himmel,
denn sollten wir uns mal verlieren,
erhellen sie uns den Weg.

Sei mir niemals nahe,
wenn ich deinem Herzen fern bin.

Aber lass mich wissen,
wann aus diesem Traum Wirklichkeit wird.

Seelenmelodie

Ich lausche dem Klang deiner Stimme,
will eintauchen in die Melodie deiner Seele
und fühlen, ob sie mein Herz berührt.

Sein und Werden

Die Gratwanderung
zwischen Werden und Sein
birgt nicht nur viele Geheimnisse
und Herausforderungen.
Nein, sie wäre auch NICHTS ohne die Liebe!
Das SEIN ist nur ein GANZES
mit dem WERDEN,
es entsteht aus ihm.

Ewigkeit

Leise klingt das Wehen,
fast lautlos durch die Nacht.
Was auch immer dein Bestreben,
es hat mein Herz entfacht.
Wissend ist die Stimme,
die die Seele nährt im Traum.
Weiter, immer weiter fliegen wir
durch aller Zeiten Raum.

Wo einst der Duft von Sommerblüten
mein wohlig Herz verführte,
so unglaublich ist das Band,
das deine und meine Seele berührte.
An jenem Tor der Weisheit
trafen wir uns immerfort,
das ewig Mühen und Plagen
entschwindet gänzlich an diesem Ort.
Jeder deiner Töne fügt sich ein
in meine Melodie,
zusammen ergibt's ein Ganzes,
welch lichtvolle Energie.

Reichtum

Der WAHRE Reichtum
lässt sich nicht im Außen messen.
Es ist ein Gefühl, das dem Herzen innewohnt.

Einfach Leben

Wolkenspiel am Firmament
– gespannte Stille –
allerhand Sinneseindrücke,
ergießen sich in großer Fülle.
Nimm jedes Gefühl
in deinem Herzen wahr,
dann bist du dem,
was das LEBEN ausmacht,
sehr nah.

Alltag

Streiten, schweigen, fluchen, leiden,
auch damit kann man sich den Tag vertreiben.
Lebenslust im Tal der Trauer,
ein Feind als Freund getarnt
liegt schon auf der Lauer.
Die Welt ist nicht rosarot,
alles gerät allmählich aus dem Lot.
Menschlichkeit ist im Verlust,
weit verbreitet erntet man nur noch Frust.

Doch davon lass ich mir
den Tag nicht vermiesen,
schlendere vergnügt über grüne Wiesen,
lege mich ins warme Gras, sonst noch was?
Ich erträume mir die Welt in bunten Farben,
schlechte Gedanken sollen mich nicht plagen.

Herzensflamme

Die Flamme deines Herzens
vermag auch die tiefsten und dunkelsten Räume
deiner Seele zu wärmen.
Pass auf, dass sie niemals erlischt!

Verbundenheit

Hörst du, wie meine Seele schwingt,
wenn sie mit dir verbunden ist?
Wie die Wellen klingen und
welche Melodie in uns beginnt zu singen?
In weiter Ferne und doch nahe bei mir
füllst du die Kammern meiner Seele im Hier.
Farben gemalt wie ein Regenbogen
umgeben unsere Seelen seit langer Zeit.
So knüpft die Liebe zarte Bande,
die Bestand hat bis in die Ewigkeit.

Herbstzeit

Braune, gelbe und goldene Blätter
erzählen vom herbstlichen Wetter,
Nebelschwaden ziehen durchs Land,
das Gemüt gleicht einer dunklen Wand.
Tristess in allen Ecken,
schwerfällig lässt sich nur
ein wohlig Gefühl in der Seel erwecken.

Was uns das Leben lehrt

Das Leben verkauft uns oft Illusionen,
um uns zu fordern und uns zu lehren,
zwischen Realität und Illusion
zu unterscheiden.

Was bleibt ...

Und blieben mir Worte,
jener Tag ist fern.
Am weißen Flieder Busche
hörte ich die Amsel so gern.

Ein jähes Erwachen
aus träumendem Schlaf,
alles Illusion,
die Wirklichkeit war eine Farce.

Schmaler Grat oft zwischen Leben und Tod,
unerkannt blieb die menschliche Not.

Und blieben mir Worte,
jener Tag ist fern.
Die Amsel, die ich früher hörte,
verstummte im alltäglichen Lärm.

Schattenbegleiter

In jedem tiefen Tal sind mir Flügel gewachsen,
um den Horizont wieder zu erreichen.
Mich dem Gefühl der Angst bewusst stellend,
ohne mich ihr dabei gänzlich zu fügen.
Wissend, dass auch sie ein Teil des Lebens ist,
halte ich inne und schließe
meinen Frieden mit ihr.

Herzenslicht

Das Licht deines Herzens
strahlt auch in den Momenten,
wo du nur noch Dunkelheit fühlst.

Die Hoffnung beschert einen neuen Weg,
selbst da, wo bereits ein Ende besteht.

Wahrhaftigkeit

Zarte Gräser wiegen sich sanft im Wind.
Hektik macht uns oftmals blind.
Das Schöne zu sehen und auch zu genießen.
Blumen und Bäume beginnen zu sprießen.
Jeder Sonnenstrahl erwärmt die Haut.
Gedanken kommen mal leise, mal laut.
Gesucht wird eine verträumte lauschige Stille.
– Wahrhaftigkeit erleben –
schenkt dem Herzen eine unsagbare Fülle.

Rollenspiele

Auf der Bühne des Lebens
sind wir alle gleich,
mit unseren guten und schlechten Seiten.
Nur die Rollen, die wir spielen,
machen es uns oftmals schwer,
einfach nur Mensch zu sein,
mit allen Emotionen, Stärken und Schwächen.

Verlust

Das Gefühl des Verlusts
ist immer auch ein Weg des Wachstums,
der Reife und des Lernens.
Nur die Erinnerung vermag,
dass es niemals in Vergessenheit gerät.
Doch irgendwann ist wieder Platz,
um den Koffer, den wir mit uns tragen,
mit neuen Eindrücken zu füllen.

Lebensweisheit

Kein Geld der Welt vermag
ein gebrochenes Herz zu heilen.
Dies allein schafft nur die Liebe.
Wenn das Herz aufgeht,
die Seele im Einklang schwingt,
dann ist es Leben.

Einsamkeit

In meiner Einsamkeit
erlebe ich mich neu.
Bin befreit, nicht mehr scheu.

In meiner Einsamkeit
verliere ich nicht mein Sein.
Fühle mich geborgen, nie allein.

In meiner Einsamkeit
durchdringt mich manchmal
der Weltenschmerz.
Erschüttert beobachte ich mein Herz.

In meiner Einsamkeit
erfahre ich, wer ich bin.
Reflektiere den tieferen Sinn.

In meiner Einsamkeit
bist auch DU!
Drum schließe ich die Tore zu meinem ICH
NIEMALS ganz zu!

Worte

Worte von mir
durchfluten deine Seele,
schüren deine Sehnsucht,
füllen dein Herz mit Liebe
und sind wie ein Echo,
das auch in mir ertönt.

Spiegel

Deine Augen lassen mich fühlen,
wie zerrissen deine Seele ist.
Wie in einem Spiegel sehe ich auch mich
und hasse die Art, wie du mich verletzt.

Unendliches Leben

Unzählige Male bin ich geboren,
hab dich an meiner Seite auserkoren.
Unzählige Male bin ich gegangen,
meine Seele quälte ein tiefes Verlangen.
Das Licht der ewigen Liebe
hast du mir ins Herz gegraben,
die Erinnerung gemalt in bunten Farben.
Und wenn der letzte Sternenregen fällt,
wird sie immer noch bleiben
– diese Sehnsucht,
die unser beider Seelen erhellt.

Zeiten des Lebens

Geboren
setzt du bald deine ersten Schritte.
Es dauert nicht lang, da spürst du bereits Tritte.

Du bist noch so klein,
kämpfst aber schon mutig für dein Sein.
Die Welt der Erwachsenen erscheint dir so fern
wie der weiteste Stern.
In der Schule lernst du fürs Leben,
willst das Optimum erstreben.

Erwachsen
bist du ein guter Gefährte,
respektvoll achtest du des Lebens Werte.

Auch Steine werden auf deinem Weg liegen.
Du kannst nicht immer siegen!
Unermüdlich gehst du deinen Weg weiter,
mal ist das Leben schwierig, mal heiter.

Ist dann irgendwann
die Zeit für dich gekommen,
hat Gott dich sicher wieder
in seine schützenden Arme genommen.

Schnelllebigkeit

Wie oft waren wir
mit unseren Gedanken bereits am Ziel,
ohne auch nur einen Schritt gegangen zu sein.
Stellten verwundert fest, dass das Alte
schon wieder
dem Neuen gewichen ist.

Fremder

Im ersten Moment war mir nicht klar,
was ich in deinen Augen sah.
Das Tor zu deiner Seele hieltest du bedeckt,
hattest trotzdem meine Neugierde geweckt.
Wer bist du, wenn ich deine Maske hebe,
und mich meines Wunschtraumes bestehle?
Ein Moment, in dem mich dein Blick verführte,
angedockt an meine Seele, dein ICH mich rührte.
Ein Fremder warst du, und doch so nah.
Gedanken im Karussell, frage mich,
was ist wahr.

Schwingen ...

Schwingen, die sich trotzig fügen
durch des Nebels Wand.
Eiskalte Schauder halten sie gefangen,
bis das Morgenrot zieht ins Land.
Flügel, die sich müde geben,
von der Reise so geschwächt.
Gottes Hand ist Schutz und Segen
bis in ihnen das Leben neu erwacht.

Träumereien

Die Melodie deiner Träume
ändert sich mit dem Gesang deiner Seele,
zeigt mir auf, wo du gerade stehst.

Seelenflamme

Immer auf der Suche
nach dem verlorenen Ich,
sah ich im Spiegel dein Gesicht.
So viel Gemeinsamkeit uns verband,
suchte ich die Nähe deiner Hand.
Unsere Seelen
haben sich aus Sehnsucht gesucht,
dabei oftmals das Schicksal verflucht.
Nur einfach diese Liebe leben,
dem anderen Tiefe geben.
Aber wer nicht bereit ist,
die Liebe zu erkennen,
wird aus Angst vor diesem Gefühl
davonrennen.
Dann folgt dem Schmerz
dieses lähmende Gefühl.
Zerrissen die Seelen, der Ganzheit fern,
erst wieder zusammenfindend,
weit oben dort auf einem Stern.

Engelschor

Engelschor am Firmament,
unsichtbare Kraft dich auf deinen Wegen lenkt.
Lichtdurchflutet ist dein SEIN,
niemals gehst du ganz allein.

Lebenswille

Gehofft, gekämpft und doch gefallen.
Dimensionen, die aufeinanderprallen.
Dein Weg mit vielen Steinen gesät –
ob dein Körper der Krankheit widersteht?
Das Ziel ist nicht mehr zu erblicken,
glaubst, an der Schwere deines Gemüts
zu ersticken.

Wohlgesang, ein Hoch auf das Leben.
Der Pfarrer kommt für den letzten Segen.
Doch irgendwie war da diese enorme Kraft,
die Rechnung wurde ohne
deinen Lebenswillen gemacht.

Grenzenlose Liebe

Jeder Tag gibt uns die Chance zu wachsen
und die grenzenlose Liebe im Sein zu erfahren.
In welchem Leben auch immer
uns dies zuteil wird,
es wird der schönste überhaupt sein.
Die gefühlte Nähe und die tiefe Liebe
sind dann kein Traum mehr,
sondern Realität geworden.

Erinnerungen

Erinnerungen
folgen dem Wind auf leisen Sohlen.
Unmerklich innehaltend,
lässt du die Tür des Vergessens
einen Spalt geöffnet.
Gehst hindurch, wann immer du bereit bist,
den bereits gegangenen Spuren
nochmals zu folgen.

Seelenlicht

Die Lichter deiner Seele
erstrahlen selbst in der tiefsten Dunkelheit.
Du musst ihnen nur folgen,
wenn sich ihre sanften Strahlen
einen Weg nach draußen bahnen.

Glück

Wer nach dem Glück sucht,
der wird es nicht finden.
Aber wer ihm Tür und Tor öffnet,
den wird es überraschen.

Deine Freundschaft

Habe gerade an dich gedacht,
die Sonne hat mir dabei ins Gesicht gelacht.
Das Allerbeste wünsch ich dir,
ein paar Zeilen an dich geschickt von mir.
Deine Freundschaft möchte ich
nicht mehr missen,
du sollst es wissen!
Hast mir Engel geschickt in der Nacht,
die mich sicher vor Alpträumen bewacht.
Auf deine Hilfe konnte ich immer bauen,
dir in allem vertrauen.
Gut, dass es Menschen gibt wie dich,
deine Freundschaft beflügelt mich.

Liebe fragt nicht

Du sagtest:
„Ich kann nicht vergessen,
was mir passierte im Leben."
Ich bitte dich:
„Höre auf, von Altem zu reden!"
Nimm meine Hand und lass uns träumen,
Zeit bleibt stehen, wir haben nichts
zu versäumen.

Ich kenne die Angst, die dich plagt,
auch wenn du schweigst und mir nichts sagst.
Verletzungen haben dein Herz verhärtet,
bin kein Mensch, der darüber wertet.

Du willst nicht mehr fallen, kein Verlierer sein,
auf Wolke sieben schweben – nicht mehr allein.
Ich halte dich fest, du musst mir nur vertrauen.
Stelle dir vor, wie es ist,
gemeinsam eine Zukunft zu erbauen.

Jeder lebt das Leben auf seine Weise.
Haltepunkte gibt es viele auf dieser Reise.
Wenn wir angekommen bei uns selbst,
dann tut es nicht mehr so weh,
wenn man mal fällt.

Die Sterne sind so hoch, wie wir sie
in Gedanken erreichen.
An jedem Tag stellen sich neu die Weichen.
Ich halte dich fest,
wenn dich dein Mut verlässt.

Liebe fragt nicht, warum sich
zwei Menschen gefunden,
es ist dieses Gefühl, das sie miteinander
hat verbunden!

Sage nie ...

Sage nie ...

ich liebe dich,
während du mir in die Augen schaust,
denn ich könnte dich beim Wort nehmen.

Sage nie ...

ich werde mich nach dir sehnen,
wenn du einfach nur denkst,
du müsstest es mal erwähnen.

Sage nie ...

du wirst mich niemals verlassen,
denn wenn es nicht so ist,
werde ich dich dafür hassen!

Sage nie ...

du hättest nicht gewusst,
wie es ist zu lieben,
wenn in deinem Bauch
die Schmetterlinge fliegen.

Sage nie ...

du bist ein Teil meines Lebens,
wenn du nicht weißt,
was ein WIR bedeutet,
ist alles vergebens!

Sage nie ...

wir werden uns wiedersehen,
wenn du mal gehst – denn vielleicht
ist es auch dieses Mal so,
dass du nicht zu deinem Wort stehst.

Sage nie ...

du wolltest mich nicht verletzen,
wenn mein Herz zerrissen ist in Fetzen.

Das, was geschieht,
kann niemand vorherbestimmen.
Aber mit Vertrauen und Liebe
lässt sich jeder Berg erklimmen.

Des Herzens Sehnsucht

Erfüllt vom Feuer der Leidenschaft
spürst du wieder deine innere Kraft.
Eine magische Anziehung dich umhüllt,
dein Herz wieder mit Liebe füllt.
Ein tiefes Verlangen,
von Küssen bedeckt sind deine Wangen.
Das Herz pocht aufgeregt,
wenn er seine Arme um deine Schultern legt.
Ob er wohl auch die gleichen Gefühle hegt?
Du willst nichts fragen, einfach nur genießen,
lässt all die Liebe in dich fließen.
Der Körper begehrte,
was des Herzens Sehnsucht uns lehrte.

Herz und Verstand

Du weißt nie, was morgen kommt,
aber du kannst heute leben,
für das, was dir morgen wichtig erscheint!

Wenn du immer versuchst,
alles mit deinem Kopf zu steuern,
wirst du nie wissen, wie es ist,
mit dem Herzen zu fühlen.

Was ich dir wünsche

Zum Ende möcht ich dir noch sagen,
niemals sollen dich viele Sorgen plagen.
Und wenn es das Schicksal doch anders meint,
so wünsch ich dir einen Menschen,
der zusammen mit dir lacht und weint.

Eine Winzigkeit solltest du bedenken,
damit sich deine Gedanken ins Positive lenken.
Das pure Glück im LEBEN
kann dir NIEMAND im Außen geben.
Öffne vertrauensvoll dein Herz
und mach es ganz weit,
was in deinen Träumen Wirklichkeit ist,
kommt zur rechten Zeit!

Viele gute Inspirationen sende ich dir,
verbunden mit ganz viel Liebe von mir.

Wenn das Leben nimmt seinen Lauf,
dann passe immer gut auf dich auf!

Danksagung

Danke an alle Leser meiner Bücher.
Ich fühle mich durch die Sprache des Herzens mit euch verbunden.

Liebe Brigitte,
mit großer Freude bedanke ich mich bei dir für deine einfühlsamen Eingangsworte in meinem neuen Werk.

Einen ebenso lieben Dank möchte ich meiner Lektorin Frau Tamara Pirschalawa aussprechen, die nunmehr zum dritten Mal eines meiner Projekte begleitete.

Weitere Veröffentlichungen:

2010 „Die ewige Sehnsucht nach dem Leben"
2009 „Seele im Sturm"
2008 „Weil es immer ein Morgen gibt"

2006-2009 Mitautor verschiedener Anthologie-Projekte, u. a. „Hände reichen", Donny Stieven Verlag, und das jährlich erscheinende „Jahrbuch für das neue Gedicht" der Frankfurter Bibliothek.

www.tredition.de

Über tredition

Der tredition Verlag wurde 2006 in Hamburg gegründet. Seitdem hat tredition Hunderte von Büchern veröffentlicht. Autoren können in wenigen leichten Schritten print-Books, e-Books und audio-Books publizieren. Der Verlag hat das Ziel, die beste und fairste Veröffentlichungsmöglichkeit für Autoren zu bieten.

tredition wurde mit der Erkenntnis gegründet, dass nur etwa jedes 200. bei Verlagen eingereichte Manuskript veröffentlicht wird. Dabei hat jedes Buch seinen Markt, also seine Leser. tredition sorgt dafür, dass für jedes Buch die Leserschaft auch erreicht wird.

Autoren können das einzigartige Literatur-Netzwerk von tredition nutzen. Hier bieten zahlreiche Literatur-Partner (das sind Lektoren, Übersetzer, Hörbuchsprecher und Illustratoren) ihre Dienstleistung an, um Manuskripte zu verbessern oder die Vielfalt zu erhöhen. Autoren vereinbaren unabhängig von tredition mit Literatur-Partnern die Konditionen ihrer Zusammenarbeit und können gemeinsam am Erfolg des Buches partizipieren.

Das gesamte Verlagsprogramm von tredition ist bei allen stationären Buchhandlungen und On-line-Buchhändlern wie z. B. Amazon erhältlich. e-

Books stehen bei den führenden Online-Portalen (z. B. iBook-Store von Apple) zum Verkauf.

Seit 2009 bietet tredition sein Verlagskonzept auch als sogenanntes "White-Label" an. Das bedeutet, dass andere Personen oder Institutionen risikofrei und unkompliziert selbst zum Herausgeber von Büchern und Buchreihen unter eigener Marke werden können.

Mittlerweile zählen zahlreiche renommierte Unternehmen, Zeitschriften-, Zeitungs- und Buchverlage, Universitäten, Forschungseinrichtungen, Unternehmensberatungen zu den Kunden von tredition. Unter www.tredition-corporate.de bietet tredition vielfältige weitere Verlagsleistungen speziell für Geschäftskunden an.

tredition wurde mit mehreren Innovationspreisen ausgezeichnet, u. a. Webfuture Award und Innovationspreis der Buch-Digitale.

tredition ist Mitglied im Börsenverein des Deutschen Buchhandels.

Zeitfracht Medien GmbH
Ferdinand-Jühlke-Straße 7
99095 Erfurt, Deutschland
produktsicherheit@kolibri360.de